**PAIDEIA
ÉDUCATION**

MIXTE
Papier issu de sources responsables
Paper from responsible sources
FSC® C105338

PIERRE CORNEILLE

Cinna

Analyse littéraire

© Paideia éducation.

22 rue Gabrielle Josserand - 93500 Pantin.

ISBN 978-2-7593-0337-3

Dépôt légal : Septembre 2023

Impression Books on Demand GmbH

In de Tarpen 42

22848 Norderstedt, Allemagne

SOMMAIRE

- Biographie de Pierre Corneille.................... 9

- Présentation de l'œuvre............................ 15

- Résumé de la pièce................................. 19

- Les raisons du succès.............................. 33

- Les thèmes principaux.............................. 41

- Étude du mouvement littéraire...................... 47

- Dans la même collection............................ 51

BIOGRAPHIE DE
PIERRE CORNEILLE

Pierre Corneille est né le 6 juin 1606 à Rouen. Il est le fils de Pierre Corneille, maître des Eaux et Forêts. Il est l'aîné d'une fratrie de cinq enfants, dont Thomas Corneille, qui deviendra lui aussi un célèbre dramaturge, et Marthe, mère de Bernard le Bouyer de Fontenelle. Pierre Corneille entreprend des études au collège jésuite, puis suit une licence de droit. Tout au long de ses études, Corneille s'adonne à la poésie ; il remporte notamment plusieurs prix de vers latins. Il suit le chemin de son père en devenant avocat au siège des Eaux et Forêts et à l'amirauté de France. En 1629, il écrit sa première comédie, *Mélite*, qui est remarqué par Montdory et sa troupe, qui décide alors de la donner à Paris : « C'est un triomphe. » Il s'attache alors à la troupe de Montdory, qui a l'exclusivité des pièces de Corneille durant quelques années. Entre 1630 et 1631, il écrit *Clitandre*, une tragi-comédie. Puis, de 1631 à 1634, il enchaîne l'écriture de quatre pièces : *La Veuve, La Galerie du Palais, La Suivante* et *La Place Royale*. En 1634, il décide de publier *La Veuve* et écrit une « importante préface théorique », puis il publie quelques mois plus tard Excusatio, un poème à la gloire de Richelieu, son protecteur, où il explique sa « conception de l'art du théâtre ». Le théâtre de Montdory s'installe au Marais, où les pièces de Corneille sont alors jouées. En 1635, Corneille écrit *Médée*, sa première tragédie. Cette même année, il participe également à *La Comédie des Tuileries*, écrite avec quatre autres auteurs. Un an plus tard, Corneille écrit sa sixième comédie, *L'Illusion comique*. En 1637, l'auteur écrit sa pièce sans doute la plus connue, *Le Cid*. Il s'agit de sa deuxième tragi-comédie. C'est un « succès triomphal », qui mènera à une publication exceptionnellement rapide de la pièce. C'est cette même publication qui va entraîner la célèbre « querelle du *Cid* » : Corneille n'aurait pas attendu l'autorisation de l'Académie française pour la publication. Les académiciens lui reprochent de plus ses manquements aux règles du théâtre français « classique ». Quelques mois plus tard, Corneille publie *La Suivante*, de nouveau avec une importante préface. Le 12 février 1639, son père meurt et Corneille devient le tuteur de ses frères et sœurs. En 1640, il fait donner une représentation privée d'*Horace*, qu'il vient de composer pour Richelieu, avant de la faire donner au Marais. Un an plus tard, il publie la pièce.

En 1641, Pierre Corneille se marie à Marie de Lampérière, de onze ans sa cadette, et avec qui il aura sept enfants. Le jour de son mariage, il est touché par une péripneumonie qui faillit l'emporter. Un an plus tard, sa fille Marie voit le jour. La même année, il écrit *Cinna ou la Clémence d'Auguste*, une tragédie. Quelques mois plus tard, il rédige *Polyeucte* dont il donne une lecture devant Richelieu. Peu de temps après, Richelieu meurt. En 1642-1643, il écrit *Polyeucte martyr*, une tragédie chrétienne. Corneille écrit *La Mort de Pompée* (tragédie) et *Le Menteur* (comédie) en 1643. La même année naît son premier fils, Pierre.

En 1644, Corneille fait publier pour la première fois ses œuvres sous le titre *Œuvres de Corneille, Ire partie*. Ce volume contient les huit pièces antérieures au *Cid*. La même année, l'Académie française rejette sa candidature. Durant l'hiver 1644-1645, il écrit *La Suite du Menteur* et *Rodogune, princesse des Parthes*. *Rodogune* est de nouveau un succès triomphal. En 1645 naît son deuxième fils François. En 1646, Corneille écrit *Théodore, vierge et martyre*, sa deuxième tragédie chrétienne, qui est un échec. Sa candidature à l'Académie française est de nouveau rejetée. Un an plus tard, il rédige une tragédie, *Héraclius*, qui connaît un grand succès. Cette même année, Corneille est enfin reçu à l'Académie française. Il fait publier *Héraclius*. En 1648, il écrit *Andromède*, mais la représentation est reportée pour cause de perturbations dues à la Fronde. En 1649, l'auteur publie *Triomphes de Louis le Juste* et écrit *Don Sanche d'Aragon*. En 1650, *Andromède* est enfin jouée à la salle du Petit-Bourbon ; c'est la première tragédie à machines de Corneille. La même année, le roi fait nommer Corneille procureur général des États de Normandie. Corneille vend ses titres d'avocat pour entrer dans sa nouvelle fonction. Sa fille Marguerite naît cette même année, peu après le mariage de son frère Thomas avec la sœur de son épouse. En 1651, Corneille écrit *Nicomède*, qui est un triomphe. Cette même année, Corneille perd sa fonction de procureur général. Il publie sa traduction en vers français de l'*Imitation de Jésus-Christ*, qui connaît un grand succès. Il écrit peu après *Pertharite*, une tragédie, qui est un échec.

En 1653, sa mère meurt alors que naît son cinquième enfant Charles. Corneille décide de publier *Pertharite* malgré son échec. Il décide dans le même temps de renoncer au théâtre et achève la publication des deux premiers livres de l'*Imitation*, au complet. Un an plus tard paraît le livre III. En 1655, Madeleine, son sixième enfant, voit le jour, suivie un an plus tard par la naissance de Thomas. Enfin, cette même année, il publie le dernier livre de l'*Imitation*. Dans le même temps, il travaille sur une tragédie à machines : *La Conquête de la Toison d'or*. En 1659, il écrit et fait jouer *Œdipe*, qu'il publie deux mois après. En 1650, il publie en trois volumes le *Théâtre de Corneille revu et corrigé par l'auteur*, dans lesquels il insère un *Discours sur le poème dramatique* et un *Examen* avant chacune des pièces. *La Toison d'or* est jouée pour la première fois à la fin de la même année. Le 25 février 1662, Corneille écrit *Sertorius*, qui est jouée avec succès. Un an plus tard, il écrit *Sophonisbe*, une tragédie. Cette pièce va amener à une nouvelle querelle, lancée par l'abbé d'Aubignac. Corneille décide de ne pas y répondre. Il fait publier son *Théâtre en deux volumes in-folio* : c'est une première pour un auteur encore vivant. Trois mois plus tard, il reçoit des gratifications royales se montant à 2000 livres. En 1664, il rédige *Othon*, une nouvelle tragédie qu'il donne à Fontainebleu devant la Cour. En 1665, alors qu'il fait publier son ouvrage, son fils Charles meurt. En 1666, Corneille écrit *Agésilas*.

Pendant quelques années, Corneille se contenta d'être spectateur des pièces de Molière ou de Racine. En 1670-1671, il met en vers *Psyché*, une tragédie de Molière, qui n'avait lui-même pas eu le temps de versifier de nombreuses parties de sa pièce. En 1672, Corneille fait une lecture chez La Rochefoucauld de *Pulchérie*, une comédie qui sera jouée quelques mois plus tard au théâtre du Marais. En 1674, alors que la guerre contre la Hollande fait rage, son deuxième fils est tué. Deux mois plus tard, Corneille écrit *Suréna*, qu'il fait jouer à l'Hôtel de Bourgogne. Un an après, il fait publier la pièce. Durant la guerre contre la Hollande, Corneille s'adonne à l'écriture de vers, d'odes ou de sonnets.

En 1680, Corneille compose ses derniers vers pour le mariage du Dauphin, le 7 mars. Le 5 octobre, un contemporain écrit « Corneille se meurt ». Cependant, l'auteur fait publier une dernière édition de son Théâtre, alors que ses pièces continuent à être jouées à Paris. En 1684, il se rend pour la dernière fois à l'Académie française. Il meurt le 1er octobre 1684, et est inhumé dans la paroisse de Saint-Roch.

PRÉSENTATION DE CINNA

La pièce *Cinna* a été écrite à la fin du printemps 1642. Son titre original est *Cinna ou la Clémence d'Auguste*. Corneille fait publier *Cinna* seulement à la fin du mois de janvier de 1643, avec un *Examen*. Cependant, la publication de Cinna « marque sur le plan éditorial une petite révolution » : en effet, Corneille a fait prendre le privilège à son nom, le 1er août 1642, et c'est à ses frais qu'il fait imprimer la pièce chez un imprimeur à Rouen. Ainsi, il se trouve en position de force pour revendre ses droits chez un autre éditeur, notamment parisien, et toucher une meilleur plus-value » que s'il avait vendu son manuscrit à un éditeur, comme il était courant de le faire à l'époque. La pièce est jouée environ cent-cinquante fois sous le règne de Louis XIV.

Cinna est une tragédie reprenant un grand thème antique, celui de la conjuration de Cinna contre Auguste, alors que l'empereur est en Gaules. Corneille a tiré le sujet de la pièce d'un célèbre texte de Sénèque, *De Clementia*. Auguste a pris le pouvoir après que Brutus ait assassiné son père ; il est devenu empereur après avoir faire couler le sang et vaincu ses ennemis, Pompée et Marc-Antoine notamment. Durant ce carnage, il a fait assassiner nombre de gens, principalement le père de la belle Émilie, qu'il considère depuis comme sa fille. Celle-ci ne rêve que d'une chose : venger son père en tuant Auguste. Pour cela, elle fait appel à son amant, Cinna, confident d'Auguste. Par amour pour elle, Cinna consent à monter une conjuration contre l'empereur. Considérant Auguste comme un tyran au début de la pièce, il monte la conjuration avec d'autres romains ennemis d'Auguste, notamment le second confident d'Auguste, Maxime. Après une discussion entre Auguste, Maxime et Cinna, Cinna ne voit plus Auguste comme un tyran et est tiraillé par un « conflit cornélien », à savoir choisir entre Auguste et Émilie, entre son honneur et son amour. En récompense de ses précieux conseils, Auguste offre Émilie en mariage à Cinna.

Cinna tente alors de convaincre Émilie de renoncer à sa vengeance, mais celle-ci refuse. Il confie dès lors à Maxime ses tourments et son amour pour Émilie. Malheureusement pour Cinna, Maxime est également amoureux d'Émilie, et avec l'aide de son affranchi, il va trahir Cinna et la conjuration. Son affranchi va retrouver Auguste et tout lui avouer, pendant que Maxime se cache et tâche de convaincre Émilie de fuir avec lui. Auguste fait appeler Cinna, qui avoue son crime, pendant qu'Émilie comprend que Maxime les a trahis. Émilie va retrouver Cinna et Auguste pour avouer à l'empereur que c'est elle qui a fomenté cette conjuration. Cinna ne voulant pas qu'elle lui enlève son honneur, ils se partagent tous deux la trahison. Cependant, Maxime ayant compris qu'il avait perdu Émilie pour toujours, va lui aussi avouer son crime à Auguste. Ce dernier, après les avoir tous écoutés, prend en compte les conseils de sa femme Livie, et leur accorde le pardon, faisant preuve d'une grande magnanimité et de clémence.

Les thèmes principaux dans *Cinna* sont tout d'abord l'histoire romaine, celle de l'empereur Auguste et de la conjuration de Cinna en l'an 6 av. J.-C., ce qui fait de la pièce une pièce historique. Aussi, le thème de la politique et notamment de la réflexion politique est présent dans *Cinna*, Auguste demandant conseil à Cinna et à Maxime sur la ligne politique à suivre ainsi que les hommes politiques à prendre en exemple. Le thème de la passion amoureuse est également omniprésent avec la passion de Cinna pour Émilie. Cette passion va se mêler au thème de l'héroïsme de Cinna, prêt à mourir pour Émilie. Enfin, le thème de la clémence est abordé, symbolisé par la clémence d'Auguste qui constitue le rebondissement final de la pièce.

RÉSUMÉ DE LA PIÈCE

À monsieur de Montoron, ancien soldat fortuné ayant ensuite fait banqueroute.

Cette épître présente la pièce à venir, *Cinna*, mettant en scène Auguste et sa magnanimité. Il fait un bref éloge de l'empereur, et reprenant les valeurs d'Auguste, fait l'éloge de Montoron, en les comparant tous deux. Il termine en le remerciant de sa générosité et de ses bienfaits de mécène.

Seneca. Lib. I, De Clementia, chapitre IX

Court extrait du *De Clementia* de Sénèque, dans sa version latine non traduite, dressant un portrait d'Auguste et présentant la conjuration de Cinna alors qu'Auguste se trouve en Gaule.

Montaigne. Livre I de ses Essais, chapitres XXIII

Corneille reprend ici le passage des Essais de Montaigne où l'auteur présente la conjuration de Cinna contre Auguste. C'est la paraphrase du passage de Sénèque sur le même sujet, « traduit » en français du XVIIe siècle.

Examen

Corneille annonce qu'il ne va pas critiquer son œuvre qui a été si bien accueillie par le public. Ce succès, pense-t-il, est dû à la vraisemblance et à sa véracité historique qu'il a réussi à conserver malgré les « incommodités » des règles classiques. Il explique ses choix de lieux, au nombre de deux, pour préserver cette vraisemblance qui lui semble indispensable, mais que ces deux lieux restent au même endroit pour conserver l'unité de lieu : cela va tout de même à l'encontre des règles classique. L'usage de la Rhétorique permet de rendre le texte non ennuyeux, malgré la longueur de la narration, principalement des monologues.

Acte Premier

Scène première

La pièce s'ouvre sur un monologue d'Émilie, amante de Cinna, qui cherche à venger son père d'Auguste, qui l'a assassiné. Pour se venger, elle demande à son amant de tuer l'empereur. Malgré son amour pour lui et les risques qu'elle lui fait encourir, l'appel de la vengeance est trop fort. Elle expose les prémisses de l'action sans dévoiler les futures trahisons. Elle demande à son cœur de cesser de se tourmenter pour Cinna : elle n'aura de repos qu'une fois son père vengé.

Scène II

Fluvie, confidente d'Émilie, la rejoint. Émilie répète que Cinna doit tuer Auguste pour avoir son amour. Fluvie tente de modérer la haine d'Émilie en lui montrant Auguste comme son bienfaiteur. Mais Émilie réclame vengeance pour son père. Fluvie tente de la raisonner, de ne pas passer à l'acte, mais de laisser d'autres s'en charger. Émilie refuse, c'est elle qui doit le venger. Fluvie lui montre les risques qu'encourt Cinna et qu'elle risque de le perdre en s'entêtant de la sorte. Émilie lui avoue qu'elle est déchirée par ce choix « cornélien » qu'elle fait faire entre se venger et perdre Cinna ou préserver son amour et se consumer de haine pour Auguste. Elle repart dans son monologue. Elle s'entête dans son idée selon laquelle Cinna doit faire preuve d'héroïsme et tuer Auguste pour lui prouver son amour. La vengeance de son père passe avant tout le reste.

Scène III

Cinna rejoint Fluvie et Émilie. Émilie lui demande s'il est prêt à tenir sa promesse. Il lui répond avec entrain et allégresse que tout est en place pour accomplir sa vengeance et qu'il s'est entouré des hommes qu'il fallait. Émilie n'en doutait pas. Cinna lui décrit dans un long monologue comment il a exhorté ses hommes, qui haïssent Auguste autant que lui et Émilie. Il annonce la manière dont il compte le tuer, et ainsi il se montrera digne de son ancêtre Pompée. Il est prêt à mourir pour servir Émilie. Celle-ci le rassure ; si jamais il doit périr, il restera dans les mémoires des Romains comme un héros, à l'image de Brutus et de Cassius. Elle s'étonne ensuite de voir venir Évandre.

Scène IV

Évandre, l'affranchi de Cinna, leur annonce qu'Auguste demande Cinna ainsi que Maxime, un autre des conjurés. Cinna lui demande s'il en est sûr et il lui répond par l'affirmative, mais qu'il craint une surprise. Émilie craint que la conjuration soit découverte et que quelqu'un ait trahi Cinna. Ce dernier tente de la rassurer ; il arrive souvent à Auguste de les appeler ainsi tous les deux, car ils sont ses confidents. Émilie lui demande de fuir, car elle ne veut pas le perdre lui aussi. Mais Cinna refuse, ne voulant pas se montrer lâche. Même si quelqu'un l'a trahi, lui, il ne trahira pas sa vertu. S'il doit mourir pour elle, alors il est prêt à mourir. Émilie, rassurée, le laisse partir, ayant retrouvé la raison. Elle décide que s'il vient à mourir, elle le suivra de près dans la tombe. Mais Cinna lui demande de rester en vie pour qu'elle puisse accomplir elle-même sa vengeance si jamais la conjuration venait à échouer, car personne ne sait que Cinna n'agit que sur ses ordres. Émilie décide de se rendre chez Livie, la femme d'Auguste, après le départ de Cinna, afin de lui venir en aide si jamais il a été trahi. Mais s'il meurt, elle mourra aussi. Elle lui dit qu'elle l'aime et ils se séparent.

Acte II

Scène première

Auguste, Cinna, Maxime et des courtisans apparaissent. Auguste demande aux courtisans de les laisser seuls. Auguste fait un monologue : maintenant qu'il a réussi à avoir son empire, après avoir surmonté maintes difficultés, voilà qu'il a de nouveaux soucis. Il a pris la suite de Sylla et de César et rappelle leur fin. Il se demande s'il doit les prendre pour modèle. Il leur demande ensuite leur avis. Cinna tente de le rassurer sur la légitimité de son pouvoir, allant ainsi contre sa pensée. Il considère César comme un tyran et sa mort juste. Mais Auguste est différent de son oncle et il n'y a pas d'égal de Brutus pour l'assassiner. Maxime se range du côté de Cinna et affirme lui aussi la légitimité d'Auguste. Mais lui prône la liberté des Romains et n'est pas d'accord avec Cinna quant à la mort de César. Cinna demande à Auguste de faire passer le bien de Rome avant tout et il lui demande de se méfier de la liberté et du peuple, se montrant ainsi en désaccord avec Maxime. Ce dernier considère aussi que le peuple Romain n'est pas raisonnable, mais que chaque peuple a ses manières de fonctionner. Cinna lui rétorque que c'est sous le gouvernement d'Auguste que Rome a enfant été en paix et non sous les gouvernements des consuls et des monarques passés. Depuis la grandeur de Rome, la liberté de la cité n'existe plus ; les riches achètent les magistrats, tout est corrompu. Cette liberté n'a selon lui amené que des guerres civiles. Il demande donc à Auguste de rester empereur pour éviter que cela se reproduise. Auguste décide d'écouter Cinna pour le bien de Rome, même s'il doit pour cela lui arriver malheur. Pour les remercier de prendre si à cœur l'avenir de l'État, il fait Maxime gouverneur de Sicile et donne Émilie pour épouse à Cinna, qu'il considère comme sa propre fille, malgré la nécessité pour l'État de faire assassiner son père. Il les quitte pour annoncer ces nouvelles à sa femme.

Scène II

Cinna et Maxime se retrouvent seuls. Maxime lui demande si ses plans ont changé, étant donné le discours qu'il a tenu à Auguste. Cinna le rassure par la négative. Mais Maxime lui reproche de « flatter la Tyrannie ». Cinna lui prouve que ses sentiments n'ont pas changé et qu'il veut voir Auguste mort. Mais leur avis diverge toujours quant à la mort de César et à la liberté du peuple. Cinna tente de rassurer Maxime, mais ils restent en désaccord. Cinna est, de plus, gêné par l'offre d'Auguste, car il ne veut épouser Émilie qu'au prix de la mort de ce dernier. Cinna craint d'être épié dans le palais et propose à Maxime de poursuivre leur conversation à l'extérieur.

Acte III

Scène première

Maxime et Euphorbe, son affranchi, apparaissent. Maxime annonce à Euphorbe que Cinna lui a avoué agir pour venger le père d'Émilie afin de l'épouser par la suite. Euphorbe n'en est pas étonné. Mais Maxime est mécontent que Cinna conspire pour Émilie et non pour Rome. Il finit par avouer à Euphorbe qu'il est lui aussi amoureux d'Émilie et qu'il voit donc en Cinna un rival. Euphorbe lui conseille alors de trahir Cinna et de la dénoncer à Auguste pour que ce dernier lui donne la main d'Émilie en récompense. En amour, tout est permis. Il montre à Maxime les désaccords existants entre lui et Cinna sur Rome et César et accuse même Cinna de vouloir prendre la place du tyran et non pas affranchir Rome. Maxime commence à flancher, mais il a peur de faire échouer la conspiration s'il dénonce Cinna, et de faire punir les autres conjurés. Euphorbe le rassure. Mais Maxime craint que la trahison de Cinna le fasse être détesté d'Émilie. Il veut gagner son amour et non le forcer. Euphorbe lui conseille d'abuser d'Émilie par quelques moyens. Maxime a peur qu'Auguste la punisse également. Il entend alors Cinna arriver et demande à Euphorbe de partir.

Scène II

Cinna arrive, pensif. Il est gêné par Auguste et par Émilie. La demande de cette dernière et l'offre que lui fait Auguste de l'épouser le tiraillent. Il est en plein dilemme. Malheureusement, dans les deux cas, il « devient sacrilège » et « perfide ». Maxime est étonné de ce retournement dans les sentiments de Cinna. Cinna lui répond que c'est parce que le moment venu approche, les reproches et le repentir arrivent alors ; cela a dû aussi être le cas pour Brutus... Maxime lui reproche ses remords et l'accuse de ne pas vouloir le bien de la cité. Cinna lui demande de ne plus l'accabler car il fait de son mieux. Il lui demande de le laisser seul et Maxime apprend alors qu'il veut parler à Émilie. Il se retire donc.

Scène III

Cinna, resté seul, se lance dans un monologue : il continue

de parler à Maxime, comme s'il était encore à ses côtés. Il se désole sur le dilemme qui l'empoisonne et sur la haine qui ronge Émilie.

Scène IV

Émilie et Fluvie retrouvent Cinna. Elle est heureuse qu'il n'ait pas été trahi. Elle a appris la nouvelle de la bouche même d'Auguste, alors qu'elle était chez Livie. Cinna lui demande ce qu'elle pense du don que lui a fait Auguste. Elle lui annonce que pour elle, rien n'a changé. Cinna, toujours en proie à ses troubles, décide de lui parler même s'il sait qu'il va lui déplaire : il lui réitère son amour, mais il lui montre aussi la bonté d'Auguste. Émilie s'offusque : Auguste ne dispose pas de son cœur ni de sa main, et si Cinna préfère l'obtenir de la main d'Auguste plutôt que de la sienne en tenant sa promesse, alors elle ne veut plus rien entendre de lui. Cinna lui rappelle qu'il ne l'a pas trahie et qu'il compte toujours tuer l'empereur et tenir sa promesse. Émilie s'offusque de nouveau, comprenant que Cinna veut qu'elle renonce en réalité à sa vengeance. Cinna tente de la raisonner mais Émilie ne voit que sa trahison. Cinna tente de lui montrer la bonté d'Auguste mais Émilie lui rétorque les exemples d'autres tyrans en retour : elle lui reproche de servir la Tyrannie. Elle vengera son père et Rome sans lui et elle en mourra, sans cesser de l'aimer malgré sa trahison. Cinna lui répond qu'il accomplira sa volonté mais que c'est elle le tyran et non Auguste. Il s'en va.

Scène V

Fluvie et Émilie se retrouvent seules. Fluvie lui dit qu'elle a désespéré Cinna et qu'elle va le conduire à la mort et faire ainsi son propre malheur. Mais la haine d'Émilie est trop forte pour laisser vivre Auguste.

Acte IV

Scène première

Auguste, Euphorbe, Polyclète, un affranchi d'Auguste et des gardes se retrouvent. On comprend qu'Euphorbe vient de dénoncer Cinna et Maxime à Auguste. Auguste se désole de la trahison de ses deux amis. Euphorbe lui annonce qu'il est venu sur les ordres de Maxime ; il rajoute que Maxime et les autres conjurés se repentent et que seul Cinna reste obstiné dans sa haine. Auguste se désole sur Cinna et parle à l'oreille de Polyclète qui lui répond que ses ordres seront exécutés. Il demande aussi qu'on fasse venir Maxime. Polyclète sort. Euphorbe annonce qu'il a vu Maxime se jeter dans le Tibre pour se punir. Auguste est désolé que Maxime se soit « dérobé » à son pardon.

Scène II

Auguste reste seul et monologue : il se désole que le pouvoir n'engendre que de la haine et des problèmes, et qu'il efface la notion d'amitié. Il ne peut plus se confier à personne, il est seul. Mais il se rappelle aussi ses cruautés passées pour accéder au pouvoir, dont la mort du père d'Émilie : il est normal que ses amis le trahissent après ce qu'il a lui-même fait. Auguste est las du sang versé ; il se rend compte qu'il n'a que des ennemis qui veulent sa mort à Rome et qu'il ferait donc bien de mourir tout de suite. Auguste reste indécis quant à la décision à prendre : mourir ou régner, et donc tuer ?

Scène III

Livie rejoint Auguste. Il lui annonce la trahison de

Cinna, mais Euphorbe lui a déjà tout dit et elle lui prodigue un conseil : sa sévérité n'ayant rien donné, Cinna a pris la place des précédents conjurés pourtant châtiés par Auguste. Les punitions ne marchent pas comme exemple pour empêcher de nouvelles conjurations. Il faut qu'il fasse preuve de clémence et son pardon servira la renommée d'Auguste. Mais Auguste veut seulement quitter l'empire, l'État et Rome pour que tout cela cesse, comme Sylla le fit avant lui. Livie lui demande d'arrêter de prendre son exemple. Mais Auguste ne voit toujours que deux solutions : la mort ou se retirer du pouvoir. Livie lui reproche de renoncer trop facilement. Il a écouté ses conseils, mais lui seul connaît les vertus des Souverains : soit châtier, soit quitter le pouvoir. Livie lui recommande d'écouter ses conseils. Auguste ne les prend toujours pas en compte et s'en va. Pour elle-même, Livie annonce qu'elle va quand même tenter de le convaincre de choisir la clémence.

Scène IV

Émilie et Fluvie sont seules. Émilie se réjouit qu'Auguste ait fait de nouveau appeler Cinna. Elle pense que le moment est venu. Fluvie lui raconte que Polyclète est venu chercher Cinna sur les ordres d'Auguste. Mais elle est inquiète, car elle sait aussi qu'Évandre s'est fait arrêter, ainsi qu'Euphorbe, sans savoir pourquoi. Émilie n'est pas effrayée par ces nouvelles, alors qu'elle se rend compte que pourtant elle le devrait. Si son père ne peut être vengé, elle préfère alors le rejoindre.

Scène V

Maxime rejoint Émilie et Fluvie. Elles sont étonnées de la voir car elles le croyaient mort noyé d'après des rumeurs. Maxime leur raconte qu'Euphorbe a feint sa mort pour le sauver. Émilie lui demande des nouvelles de Cinna. Il lui répond qu'il nie cette trahison, mais malheureusement Évandre a tout dévoilé et a trahi aussi Émilie, qu'ils vont bientôt venir arrêter également. Émilie dit fièrement qu'elle attend son arrestation. Mais Maxime lui annonce qu'ils vont fuir ensemble avec un autre conjuré. Émilie s'offusque, mais Maxime tente de la calmer en disant qu'il agit pour Cinna et pour qu'elle puisse un jour revenir se venger. Elle trouve lâche de fuir plutôt que de suivre Cinna. Maxime lui déclare alors son amour et tente de lui montrer qu'il peut remplacer Cinna. Émilie le coupe, furieuse : il l'aime, mais à peur de mourir pour elle. Il est lâche et n'a pas de dignité. Maxime tente de se justifier, mais Émilie comprend qu'il a été perfide et que c'est lui qui les a trahis. Elle part avec Fluvie.

Scène VI

Maxime, resté seul, s'exprime en un monologue : il se désole de la perte de son amour, de sa déloyauté qui ne lui a servi à rien, et d'avoir écouté des conseils mal avisés.

Acte V

Scène première

Auguste et Cinna se retrouve. Auguste demande à Cinna de l'écouter sans l'interrompre. Cinna lui obéit. Auguste rappelle la naissance de Cinna et ses origines. Il lui rappelle tous les bienfaits qu'il lui a donnés. Il était son ami et son confident. Il lui a même préféré son avis à celui de Maxime et lui a offert la main d'Émilie. Il lui a offert tout cela alors que lui veut l'assassiner. Cinna tente de se disculper mais Auguste le fait taire. Il connaît le plan des conjurés et comment il voulait l'assassiner. Il lui dresse une liste des conjurés les plus important. Cependant, Auguste s'étonne de savoir ce que Cinna comptait faire après sa mort pour Rome, après le discours qu'il lui a tenu quelques temps plus tôt. Comptait-il régner à sa place ? Cinna lui répond qu'il se sent « stupide » car il a été trahi et il cherche l'auteur de cette trahison. Il voulait se venger de la mort de ses ancêtres. Il ne se repend pas et conseille même à Auguste de faire de lui un exemple en le punissant. Auguste est étonné que Cinna avoue son crime aussi facilement et il lui offre de choisir le châtiment qu'il veut.

Scène II

Livie, Émilie et Fluvie rejoignent Auguste et Cinna. Livie annonce à Auguste qu'Émilie est une complice de Cinna. Émilie lui avoue alors tout : c'est elle l'auteur de la vengeance et qui a envoyé Cinna l'assassiner. Auguste s'étonne que des sentiments aussi forts soient déjà nés après qu'il a donné la main d'Émilie à Cinna. Elle lui avoue alors qu'ils s'aiment depuis longtemps en secret. Elle demande donc à mourir avec lui. Auguste se désole que les membres de sa maison le trahissent les uns après les autres : après Julie, sa fille, c'est au tour d'Émilie. Elle lui reproche alors la mort de son père : il lui a donné l'exemple de l'assassinat. Livie demande à Émilie de se rappeler que ce crime a été commis par Octave et non par Auguste, qui a été un bienfaiteur pour elle, pour racheter son crime. Mais Émilie leur annonce qu'ils doivent la craindre car jamais elle ne cessera de vouloir de venger. Cinna tente de ramener toute la faute sur lui pour sauver Émilie. Mais celle-ci s'offusque que Cinna lui enlève son honneur. Cinna lui rétorque qu'elle lui enlève à lui sa gloire. Émilie leur reconnaît à tous deux ce désir de vengeance et demande à ce qu'ils puissent rester unis.

Scène III

Maxime fait son entrée. Auguste se réjouit du retour de son dernier ami. Mais Maxime vient pour lui avouer ses crimes. Il dévoile sa jalousie, son amour pour Émilie et ses plans pour l'enlever. Émilie a tout découvert et lui a tout perdu. Il demande le supplice d'Euphorbe et le droit pour lui de se suicider. Auguste est anéanti : tous les siens l'ont trahi. Mais au lieu de s'adonner à la fureur, il décide de faire preuve de clémence et de leur pardonner leur infâme trahison. Il offre à Cinna le Consulat et à Émilie d'épouser Cinna. Ébahis par sa clémence, Émilie consent à lui pardonner et à oublier sa vengeance. Cinna fait l'éloge de la vertu d'Auguste et annonce que sa clémence rend son pouvoir « plus juste ». Auguste demande à Cinna et à Émilie d'être aussi clément qu'il l'a été avec eux avec Maxime, car lui il lui pardonne et lui rend sa place. Il pardonne également à Euphorbe et veut célébrer le mariage de Cinna et d'Émilie dès le lendemain. Maxime remercie Auguste de ses bontés. Cinna le remercie également. Livie rappelle à Auguste qu'il a suivi son conseil et qu'il a bien fait pour maintenir son pouvoir et la paix dans Rome. En conclusion, Auguste suit ses conseils et pardonne aussi tous les autres conjurés.

LES RAISONS
DU SUCCÈS

Contexte historique

Au début du XVIIe siècle, alors que Corneille est âgé de 4 ans, le roi Henri IV est assassiné. Marie de Médicis prend la régence du royaume de France jusqu'en 1617, lorsque Louis XIII atteint sa majorité. Ce dernier gouverne le royaume français sous les conseils du cardinal de Richelieu. Le cardinal va créer l'Académie française en 1634 ; une institution chargée de « légiférer sur la grammaire, d'élaborer un dictionnaire de langue française et de s'entretenir des Belles Lettres » pour aller vers « l'institution d'une politique culturelle officielle ». Richelieu sera le protecteur de Corneille et d'autres auteurs, comédiens ou directeur de troupe de théâtre, jusqu'à sa mort, le 4 décembre 1642. La France est en guerre depuis 1635 contre l'Espagne lorsque Louis XIII meurt en 1643. Louis XIV est alors âgé de 5 ans. Anne d'Autriche, sa mère, prend la régence du royaume. Sous sa régence, secondée par le cardinal Mazarin, elle doit faire face aux révoltes de la Fronde, appelée aussi la guerre de Lorrains. Cette révolte est sans doute due à la montée de l'autorité monarchique, absolue, depuis Henri IV et renforcée par Richelieu. À la mort de Louis XIII, le pouvoir étant affaibli par la régence de la reine mère et le pays connaissant une situation financière très difficile à cause de la guerre de Trente Ans contre l'Espagne, une révolte éclate, « mené par les grands seigneurs les plus proches du trône ». C'est dans ce contexte politique de tension que Corneille écrit la majorité de son œuvre, qui se fait « l'écho de cette réflexion que mène le siècle sur la nature et l'exercice du pouvoir politique ».

Le 9 mars 1661, Louis XIV atteint sa majorité et devient roi de France, jusqu'en 1715. C'est sous son règne qu'éclate la campagne de Hollande de 1667 à laquelle participent les deux fils aînés de Corneille. La guerre de Hollande éclate le 6 avril 1673 et perdurera jusqu'en 1678. Les années suivantes, le roi Louis XIV ne cessera de mener diverses guerres.

Mouvement littéraire : le théâtre « classique » français

Pierre Corneille a eu une longue carrière littéraire où il a pratiqué plusieurs genres ; principalement la comédie et la tragédie, entre lesquelles il oscille sans se décider à choisir. Cependant, les conflits cornéliens présents dans ses comédies vont l'amener naturellement vers la tragédie. Avant Corneille, les sujets des tragédies sont, d'après Lanson, « la présentation d'un fait tragique à l'aide d'acteurs ». Elle joue sur l'infortune du ou des personnages, avec un chœur, comme dans les pièces antiques, qui déplorent les infortunes ou les coups du sort des personnages. Le « pathétique […] règne, avec le spectacle douloureux du malheur des héros et les accents déchirants de leurs plaintes ». Cependant, la tragédie dite « classique » marque une rupture avec la tragédie antique ; l'effet dramatique « repose sur l'attente anxieuse du dénouements » et l'effet tragique comporte désormais des effets pathétiques, de pitié, et des effets dramatiques. La tragédie « classique » est donc un renouveau de la tragédie, prenant des sujets austères, le plus souvent « emprunté à l'histoire romaine » avec une intrigue relativement simplifiée.

C'est cette tragédie qui va amener aux « fameuses règles », tant controversées à l'époque, notamment par Corneille. Il s'agit de la règle des trois unités, à savoir l'unité de temps, l'unité de lieu et l'unité d'action. Il n'y a donc qu'une seule intrigue, « dépouillée de tout épisode secondaire ». L'action se déroule sur une journée et à un seul endroit. Cette unité d'action amène à l'unité de ton. En effet, il n'y a plus de mélange des genres, plus de mélange entre comédie et tragédie. Ces règles servent aussi à la bienséance. En effet, les

« honnêtes gens » venant au théâtre et la « tragédie mettant en scène des héros et des rois », elle se devait d'être « empreinte de dignité et même de noblesse ». La vulgarité, les mots crus ou familiers sont interdits sur scène, de même que les scènes de combats, de duels, de suicides ou de morts violentes sur scène. Ces scènes sont racontées mais ne sont plus montrées. C'est pour cela que le théâtre de Shakespeare a été interdit en France à cette époque. De plus, la vraisemblance est de rigueur dans le théâtre classique français. Corneille est « mal à l'aise » face à ces règles : il « bouscule les bienséances et plie les règles à son inspiration », notamment dans *Le Cid*, alors que Racine y trouve un « cadre idéal [à] sa tragédie ».

À la suite de Corneille, Molière et Racine font leur entrée dans le théâtre français. Molière se consacre essentiellement à la comédie, tandis que Racine préfère la tragédie et le souci des règles classiques. Par ailleurs, Molière a débuté en jouant des tragédies de Corneille avant de prendre la plume et de de venir auteur en plus de comédien. Molière va lancer Racine en jouant sa pièce, *La Thébaïde*, qui sera le premier succès de Racine en 1664.

Le succès rencontré

La pièce de Cinna est considérée comme la « meilleure pièce de Corneille » et passait donc pour le « meilleur "poème tragique" du temps, si ce n'est de tous les temps ». En effet, en 1660, Corneille est devenu le « Grand Corneille », grâce au succès de ses œuvres. « Ce titre, il est le seul à se l'être vu concédé de son vivant », ce qui en dit long sur sa célébrité à l'époque. De plus, le succès de *Cinna*, dès son écriture, se confirme par la présence d'un *Examen* critique de la pièce, *Examen* qu'il n'était alors permis qu'au roi de donner. Un contemporain de Corneille écrit à propos de *Cinna* en 1642, l'année même de la parution de la pièce : « [Cinna] donne de l'admiration à tout le monde : c'est la plus belle pièce qui ait été faite en France, les gens de lettres et le peuple en sont également ravis, elle est aussi belle que celles de Sénèque. »

Dans la publication des volumes de son *Théâtre*, Corneille insère avant chacune de ses pièces un Examen. Nombreux sont ceux à lui accorder leur admiration, malgré les divergences qui les opposent à Corneille. Ainsi, l'Académie française, malgré la querelle du *Cid*, condamne la pièce mais fait « l'éloge de ses beautés ponctuelles ». De même, Richelieu, devient le protecteur de Corneille dès ses débuts dans le théâtre de Montdory, qu'il protège également. Cette protection lui vaut l'approbation du texte du *Cid* par Richelieu. Balzac, à qui Corneille a fait parvenir le texte de Cinna, lui écrit deux lettres où il le traite d'égal à égal et le compare même à Sophocle lui-même.

Lorsque l'abbé d'Aubignac publie sa *Pratique du théâtre*, il ne cesse d'y citer Corneille et le montre comme le « premier poète de son temps ». Cependant, cela n'empêche pas l'abbé de le critiquer vertement sur l'irrégularité de ses œuvres et ses manques à la bienséance et à la vraisemblance.

Saint-Évremont écrit une *Dissertation sur la tragédie d'« Alexandre »* où apparaît le premier parallèle entre Corneille et Racine, parallèle qui est « tout à l'avantage de Corneille ».

La « grandeur » de Corneille se reconnaît également dans le fait qu'il ait été le premier écrivain à être édité en format *in-folio* de son vivant pour son *Théâtre*. De plus, sa notoriété est telle, qu'il a réédité plusieurs fois ses œuvres et les volumes de son *Théâtre* en les corrigeant et les augmentant notamment. Le succès de ses pièces est également tel qu'elles sont toujours jouées alors que Corneille quitte la scène théâtrale ; de même alors qu'il est mourant, le roi continue à se faire représenter ses pièces.

Cependant, Corneille n'a pas toujours fait l'unanimité, comme nous l'avons vu notamment avec la « querelle du *Cid* », qui l'a opposé à l'Académie française et aux défenseurs du classicisme français. Pareillement, Racine, que Corneille a fortement critiqué durant la première de *Britannicus*, écrit une préface à cette même pièce lors de sa publication où il « prend violemment Corneille à partie ». Cependant, après la mort de Corneille, Racine va prononcer son éloge, auteur « d'une hauteur et d'une clairvoyance remarquables ».

LES THÈMES
PRINCIPAUX

Différents thèmes apparaissent dans *Cinna*. Tout d'abord, le thème qui donne le sujet de la pièce est celui de l'histoire romaine. En effet, Corneille reprend le texte de Sénèque sur la conjuration de Cinna. La pièce se déroule à Rome, sur un jour, contrairement à la « véritable » histoire romaine. Cependant, cette modification de la vraisemblance se veut du fait de la règle de l'unité de temps et de celle de lieu, règle primordiale dans le théâtre classique français. Cinna fait un cours résumé de l'histoire romaine qui a précédé l'arrivée d'Auguste au pouvoir à Rome. En effet, Corneille explique la conjuration de Cinna par les différents meurtres et massacres commandités par Auguste. Ainsi, la tirade de Cinna dans la scène 3 de l'acte I, donne plusieurs informations sur la prise de pouvoir d'Auguste : « Si l'on doit le nom d'homme à qui n'a rien d'humain / À ce Tigre altéré de tout le sang Romain. / Combien pour le répandre a-t-il formé de brigues ! / Combien de fois changé de partis et de ligues, / Tantôt ami d'Antoine, et tantôt ennemi, […] ». « Je leur fais des tableaux de ces tristes batailles / Où Rome par ses mains déchirait ses entrailles, / Où l'Aigle abattait l'Aigle, et de chaque côté / Nos Légions s'armaient contre leur liberté ; […] ».

De plus, ce thème historique amène alors au thème politique et à celui de la réflexion qui l'accompagne. En effet, Auguste rappelle deux grands personnages politiques romains qu'il hésite à prendre en exemple : Sylla et César. « Sylla m'a précédé dans ce pouvoir suprême, / Le grand César mon père en a joui de même, / D'un œil si différent tous deux l'ont regardé, / Que l'un s'en est démis et l'autre l'a gardé ». Auguste se demande en effet s'il doit abdiquer ou s'il doit conserver le pouvoir comme César, comme un « tyran ». Il reconnaît que gouverner Rome est une dure tâche : « J'ai souhaité l'Empire, et j'y suis parvenu, / Mais en le souhaitant je ne l'ai pas connu. / Dans sa possession j'ai trouvé pour tous charmes, / D'effroyables soucis, d'éternelles alarmes » (scène I, acte II). Ne sachant quel exemple suivre, ni quelle politique adopter, il demande conseils à Cinna et à Maxime.

Maxime, dans la scène I de l'acte II, rappelle la haine de Rome pour toute forme de monarchie, afin d'encourager Auguste dans son désir de rendre sa liberté à Rome : « On hait la Monarchie, et le nom d'Empereur, / Cachant celui de Roi, ne fait pas moins horreur ». Auguste reconnaît lui-même cette haine des Romains : « Cette haine des Rois que depuis cinq cents ans / Avec le premier lait sucent tous ses enfants, / Pour l'arracher des cœurs, est trop enracinée » (scène I, acte II). Dans toutes cette réflexion politique se mêle l'histoire romaine.

Sur ce fond d'histoire romaine et de discours politique apparaît la passion de Cinna pour Émilie, qui va donner naissance à la conjuration. En effet, après avoir exposé la trame historique, Corneille nous montre qu'Auguste attise les haines, notamment celle d'Émilie, qui cherche à venger par tous les moyens la mort de son père, assassiné par Auguste. Pour cela, Émilie va utiliser l'amour que Cinna a pour elle (et qu'elle-même a pour lui). Sa passion vengeresse est effectivement plus forte que sa passion amoureuse et elle préfère sacrifier son amour pour Cinna plutôt que son désir de vengeance : « Cessez, vaines frayeurs, cessez, lâches tendresses, / De jeter dans mon cœur vos indignes faiblesses ; / Et toi qui les produit par tes soins superflus, / Amour, sers mon devoir, et ne le combat plus » (scène I, acte I). « Je l'ai juré, Fulvie, et je le jure encore, / Quoique j'aime Cinna, quoique mon cœur l'adore, / S'il me veut posséder, Auguste doit périr » (scène II, acte I). Cinna, quant à lui, se brûle de passion pour Émilie et est prêt à périr pour satisfaire son désir de vengeance : « Mais je dépends de vous, ô serment téméraire, / Ô haine d'Émilie, ô souvenir d'un père, / Ma foi, mon cœur, mon bras, tout vous est engagé, / Et je ne puis plus rien que par cotre congé » (scène III, acte III). « Eh bien, vous le voulez, il faut vous satisfaire, / Il faut affranchir Rome, il faut venger un père, / Il faut sur un Tyran porter de justes coups : / Mais apprenez qu'Auguste est moins Tyran que vous » (scène IV, acte III). Cette passion pour Émilie va l'amener à se sacrifier pour elle, coûte que coûte, afin de la satisfaire : cela va l'amener à agir avec héroïsme, tant par amour que par honneur. Il va en effet avouer sa trahison à Auguste sans chercher à se disculper. C'est ce qu'on appelle aujourd'hui « l'héroïsme cornélien » : « Je demeure stupide, / Non que votre colère ou la mort m'intimide, / Je vois qu'on m'a trahi, vous m'en voyez rêver, / Et j'en cherche l'auteur sans le pouvoir trouver » (scène II, acte V). « N'attendez point de moi d'infâmes repentirs, / d'inutiles regrets, ni de honteux soupirs. / Le Sort vous est propice, autant qu'il m'est contraire, / Je sais ce que j'ai fait et ce qu'il vous faut faire » (scène II, acte V).

Enfin, le thème de la clémence est abordé : la clémence d'Auguste, qui est le rebondissement final de la pièce : « Soyons amis, Cinna, c'est moi qui t'en convie : / Comme à mon ennemi je t'ai donné la vie, / Et malgré la fureur de ton lâche destin, / Je te la donne encor comme à mon assassin. / […] Tu trahis mes bienfaits, je les veux redoubler, / Je t'en avais comblé, je t'en veux accabler. / Avec cette beauté que je t'avais donnée, / Reçois le Consulat pour la prochaine année » (scène III, acte V). « Et tous deux avec moi faites grâce à Maxime, / Il nous a trahis tous, mais ce qu'il a commis / Vous conserve innocents et me rend mes amis » (scène III, acte V). « Et que vos conjurés entendent publier, / Qu'Auguste a tout appris, et veut tout oublier » (scène III, acte V).

ÉTUDE DU MOUVEMENT LITTÉRAIRE

Le théâtre au XVIIe siècle

Beaucoup s'accordent à dire que le XVIIe siècle est le siècle du théâtre en France. En effet, en plus d'être un spectacle, une représentation théâtrale devient un véritable rendez-vous social se transformant en un prolongement de la Cour royal. C'est ce qui va donner naissance au mouvement appelé le « classicisme » français. En effet, la culture se trouvant ainsi mise au premier plan de la société, les théâtres sont alors fréquentés par les « honnêtes gens ». Qui dit honnête dit alors bienséance, vraisemblance et respect des règles établies.

Au XVIe siècle, en France, le théâtre français est « brimé par le "monopole" de la troupe unique à Paris », à savoir la troupe de l'hôtel de Bourgogne, avant de céder ce monopole à la troupe de Valleran-Lecomte, qui se fixe à Paris au début du XVIIe siècle et se fait alors appeler la « Troupe Royale ». En effet, durant cette période, une seule troupe et un seul théâtre sont autorisés à Paris à la suite d'une décision prise par Charles VI, en 1402, encore en vigueur au XVIe et au XVIIe siècle. Cette mesure a été mise en place pour « préserver » la qualité du théâtre et des pièces jouées. Cependant, Richelieu, le bienfaiteur de Corneille, et Louis XIV, bienfaiteur de Molière, vont quelque peu assouplir cette contrainte en autorisant l'ouverture du théâtre du Marais, dirigé par Guillaume des Gilberts, dit Montdory, celle du Théâtre du Palais-Royal, et celle de l'Hôtel de Guénégaud (la troupe de Molière), faisant ainsi monter à quatre le nombre de théâtre à Paris. Cependant, en 1680, la troupe de l'Hôtel Guénégaud et celle de l'Hôtel de Bourgogne fusionnent pour n'en former plus qu'une, la Comédie française.

Au XVIIe siècle, arrive également en France la Comédie italienne, nom donné par Catherine de Médicis, où elle connaît un véritable succès malgré la barrière de la langue ; en effet, les pièces sont jouées en italien. La *commedia dell'arte*, son autre nom, jouait sur de nombreuses « mimiques » burlesques, très expressives et les comédiens « improvisaient sur un simple scénario » la plupart du temps. À la même époque, et venant également d'Italie, l'Opéra apparaît en France.

Enfin arrive le théâtre des machines, avec des « pièces à machines » dont raffolait le public français. « Une machinerie savante permet les effets les plus divers, dans l'ordre de la féérie [...] ou de l'imitation de la nature ». La pièce d'*Andromède* de Corneille est sans doute la pièce la plus célèbre du genre.

Cette période classique marque une transition entre l'humanisme de la Renaissance, du XIVe au XVIe siècle et le courant dit Libertin qui va ensuite s'ouvrir sur les Lumières et la philosophie. En effet, les libertins s'émancipent des règles du classicisme et des religions. Ils profitent du mouvement de la Fronde et de la mort de Richelieu pour créer leur propre mouvement dès 1680. Ensuite, le mouvement des Lumières voit le jour, notamment avec l'influence de Blaise Pascal et Voltaire.

DANS LA MÊME COLLECTION
(par ordre alphabétique)

- **Anonyme**, *La Farce de Maître Pathelin*
- **Anouilh**, *Antigone*
- **Aragon**, *Aurélien*
- **Aragon**, *Le Paysan de Paris*
- **Austen**, *Raison et Sentiments*
- **Balzac**, *Illusions perdues*
- **Balzac**, *La Femme de trente ans*
- **Balzac**, *Le Colonel Chabert*
- **Balzac**, *Le Lys dans la vallée*
- **Balzac**, *Le Père Goriot*
- **Barbey d'Aurevilly**, *L'Ensorcelée*
- **Barbey d'Aurevilly**, *Les Diaboliques*
- **Bataille**, *Ma mère*
- **Baudelaire**, *Les Fleurs du Mal*
- **Baudelaire**, *Petits poèmes en prose*
- **Beaumarchais**, *Le Barbier de Séville*
- **Beaumarchais**, *Le Mariage de Figaro*
- **Beauvoir**, *Mémoires d'une jeune fille rangée*
- **Beckett**, *Fin de partie*
- **Brecht**, *La Noce*
- **Brecht**, *La Résistible ascension d'Arturo Ui*
- **Brecht**, *Mère Courage et ses enfants*
- **Breton**, *Nadja*
- **Brontë**, *Jane Eyre*
- **Camus**, *L'Étranger*
- **Carroll**, *Alice au pays des merveilles*
- **Céline**, *Mort à crédit*
- **Céline**, *Voyage au bout de la nuit*

- **Chateaubriand**, *Atala*
- **Chateaubriand**, *René*
- **Chrétien de Troyes**, *Perceval*
- **Cocteau**, *Les Enfants terribles*
- **Colette**, *Le Blé en herbe*
- **Corneille**, *Le Cid*
- **Crébillon fils**, *Les Égarements du cœur et de l'esprit*
- **Defoe**, *Robinson Crusoé*
- **Dickens**, *Oliver Twist*
- **Du Bellay**, *Les Regrets*
- **Dumas**, *Henri III et sa cour*
- **Duras**, *L'Amant*
- **Duras**, *La Pluie d'été*
- **Duras**, *Un barrage contre le Pacifique*
- **Flaubert**, *Bouvard et Pécuchet*
- **Flaubert**, *L'Éducation sentimentale*
- **Flaubert**, *Madame Bovary*
- **Flaubert**, *Salammbô*
- **Gary**, *La Vie devant soi*
- **Giraudoux**, *Électre*
- **Giraudoux**, *La Guerre de Troie n'aura pas lieu*
- **Gogol**, *Le Mariage*
- **Homère**, *L'Odyssée*
- **Hugo**, *Hernani*
- **Hugo**, *Les Misérables*
- **Hugo**, *Notre-Dame de Paris*
- **Huxley**, *Le Meilleur des mondes*
- **Jaccottet**, *À la lumière d'hiver*
- **James**, *Une vie à Londres*
- **Jarry**, *Ubu roi*
- **Kafka**, *La Métamorphose*
- **Kerouac**, *Sur la route*
- **Kessel**, *Le Lion*

- **La Fayette**, *La Princesse de Clèves*
- **Le Clézio**, *Mondo et autres histoires*
- **Levi**, *Si c'est un homme*
- **London**, *Croc-Blanc*
- **London**, *L'Appel de la forêt*
- **Maupassant**, *Boule de suif*
- **Maupassant**, *Le Horla*
- **Maupassant**, *Une vie*
- **Molière**, *Amphitryon*
- **Molière**, *Dom Juan*
- **Molière**, *L'Avare*
- **Molière**, *Le Malade imaginaire*
- **Molière**, *Le Tartuffe*
- **Molière**, *Les Fourberies de Scapin*
- **Musset**, *Les Caprices de Marianne*
- **Musset**, *Lorenzaccio*
- **Musset**, *On ne badine pas avec l'amour*
- **Perec**, *La Disparition*
- **Perec**, *Les Choses*
- **Perrault**, *Contes*
- **Prévert**, *Paroles*
- **Prévost**, *Manon Lescaut*
- **Proust**, *À l'ombre des jeunes filles en fleurs*
- **Proust**, *Albertine disparue*
- **Proust**, *Du côté de chez Swann*
- **Proust**, *Le Côté de Guermantes*
- **Proust**, *Le Temps retrouvé*
- **Proust**, *Sodome et Gomorrhe*
- **Proust**, *Un amour de Swann*
- **Queneau**, *Exercices de style*
- **Quignard**, *Tous les matins du monde*
- **Rabelais**, *Gargantua*
- **Rabelais**, *Pantagruel*

- **Racine**, *Andromaque*
- **Racine**, *Bérénice*
- **Racine**, *Britannicus*
- **Racine**, *Phèdre*
- **Renard**, *Poil de carotte*
- **Rimbaud**, *Une saison en enfer*
- **Sagan**, *Bonjour tristesse*
- **Saint-Exupéry**, *Le Petit Prince*
- **Sarraute**, *Enfance*
- **Sarraute**, *Tropismes*
- **Sartre**, *Huis clos*
- **Sartre**, *La Nausée*
- **Senghor**, *La Belle histoire de Leuk-le-lièvre*
- **Shakespeare**, *Roméo et Juliette*
- **Steinbeck**, *Les Raisins de la colère*
- **Stendhal**, *La Chartreuse de Parme*
- **Stendhal**, *Le Rouge et le Noir*
- **Verlaine**, *Romances sans paroles*
- **Verne**, *Une ville flottante*
- **Verne**, *Voyage au centre de la Terre*
- **Vian**, *L'Arrache-cœur*
- **Vian**, *L'Écume des jours*
- **Voltaire**, *Candide*
- **Voltaire**, *Micromégas*
- **Zola**, *Au Bonheur des Dames*
- **Zola**, *Germinal*
- **Zola**, *L'Argent*
- **Zola**, *L'Assommoir*
- **Zola**, *La Bête humaine*
- **Zola**, *Nana*
- **Zola**, *Pot-Bouille*